LES AVENTURES DE TOMMY RHU
L'HISTOIRE EMMÊLÉE DE TOMMY RHU

PRISCILLA KARNABI

ILLUSTRATIONS DE PEDRO BOTELLO

Catalogage avant publication de Bibliothèque et Archives Canada

Titre: L'histoire emmêlée de Tommy Rhu / Priscilla Karnabi ; illustrations de Pedro Botello ; texte français de Priscilla Karnabi.
Autres titres: Tommy Rhu's tangled tale. Français
Noms: Karnabi, Priscilla, auteur. | Botello, Pedro, illustrateur.
Description: Traduction de : Tommy Rhu's tangled tale.
ISBN 978-1-0689220-2-2

Pour plus d'informations, veuillez contacter: karnabipublishing@gmail.com

Édition publiée par Priscilla Karnabi.

À Mathieu

Voici Tommy Rhu.

Il a 6 ans.

Tommy Rhu a de magnifiques cheveux roux.

Il les adore et ne les a jamais coupés.

Il les laisse simplement pousser.

Mais avec le temps, les cheveux de Tommy Rhu commencent à lui poser des problèmes.

Avec des mèches devant les yeux, il n'y voit presque rien.

Il porte des vêtements dépareillés.

Il trébuche, heurte les portes.

Et ses cheveux attirent toutes sortes de bestioles, des plus minuscules aux plus énormes.

À l'école, les autres enfants se moquent de lui et crient : — Avec sa tignasse jusqu'aux pieds, Tommy Rhu peut tout balayer !

Ils rient, ils hurlent, ils se roulent partout, comme des fous.

— Je m'en fiche, J'ADORE mes cheveux ! répond Tommy Rhu.

Un jour, en rentrant de l'école, un gros morceau de gomme à mâcher vient se coller dans ses cheveux. Trébuchant sur ses longues mèches, Tommy Rhu court à la maison pour demander de l'aide.

– MAMAN ! PAPA ! J'ai besoin de vous ! crie Tommy Rhu, en montrant la gomme coincée dans ses cheveux.

– Oh là là… dit sa maman. Je ne sais pas si on pourra l'enlever.

– Essayez, s'il vous plaît ! supplie Tommy Rhu.

Les parents de Tommy Rhu prennent des glaçons, espérant geler la gomme.

Puis, ils essaient de l'huile, pour la rendre glissante.

Mais rien à faire, la gomme reste bien collée.

— Tommy, je crois qu'il est temps de te faire couper les cheveux, dit son papa.

— NON ! crie Tommy Rhu. Je m'en fiche, J'ADORE mes cheveux !

Le lendemain matin, Tommy Rhu part à l'école sans souci, même avec la gomme encore collée dans ses cheveux.

Mais en s'approchant de sa classe, quelque chose d'étrange se produit.

Sa tête est tirée vers l'arrière et il tombe par terre.

– Aïe ! s'écrie-t-il.

Tommy Rhu est dans une situation vraiment collante.

La gomme agrippe ses cheveux et les cloue au mur.

La bataille commence : il tire, il secoue, il s'emmêle.

Mais rien n'y fait. Ses cheveux restent coincés au mur.

Les enseignants laissent sortir les élèves pour venir en aide à Tommy Rhu. Ils se mettent en file et tirent chacun leur tour. Malgré tous leurs efforts, personne ne parvient à le libérer.

Alors, le directeur de l'école arrive en renfort. Il tire, il tire, il vacille, mais ne tombe pas. Les cheveux de Tommy Rhu restent collés, comme s'ils ne voulaient pas lâcher.

L'après-midi venu, toute la ville ne parle que de lui.

Les pompiers arrivent sur place, dans leur tenue spéciale.

Ils essaient toutes sortes de trucs, sans succès.

Le chef des pompiers s'avance pour aider, mais il glisse et se retrouve avec les cheveux coincés dans la mêlée.

– Tommy Rhu, qu'est-ce qu'on fait? demande le chef des pompiers.

Tommy Rhu aperçoit une paire de ciseaux tout près et a une idée géniale.

– Je peux régler ça, dit-il.

– ATTENDS ! crie le chef des pompiers.

Tommy Rhu et toute l'équipe s'immobilisent.

– S'il te plaît…ne coupe pas mes cheveux, murmure le chef des pompiers.

– Tu as peur ? demande Tommy Rhu.

Le chef des pompiers hésite, puis avoue :

– Un petit peu.

– Essayer quelque chose de nouveau peut faire peur, dit Tommy Rhu. Mais ça va aller.

– Je m'en fiche, J'ADORE mes cheveux ! crie le chef des pompiers.

– Moi aussi, répond Tommy Rhu. Mais parfois, un petit changement peut rendre les choses encore meilleures... et un peu moins collantes.

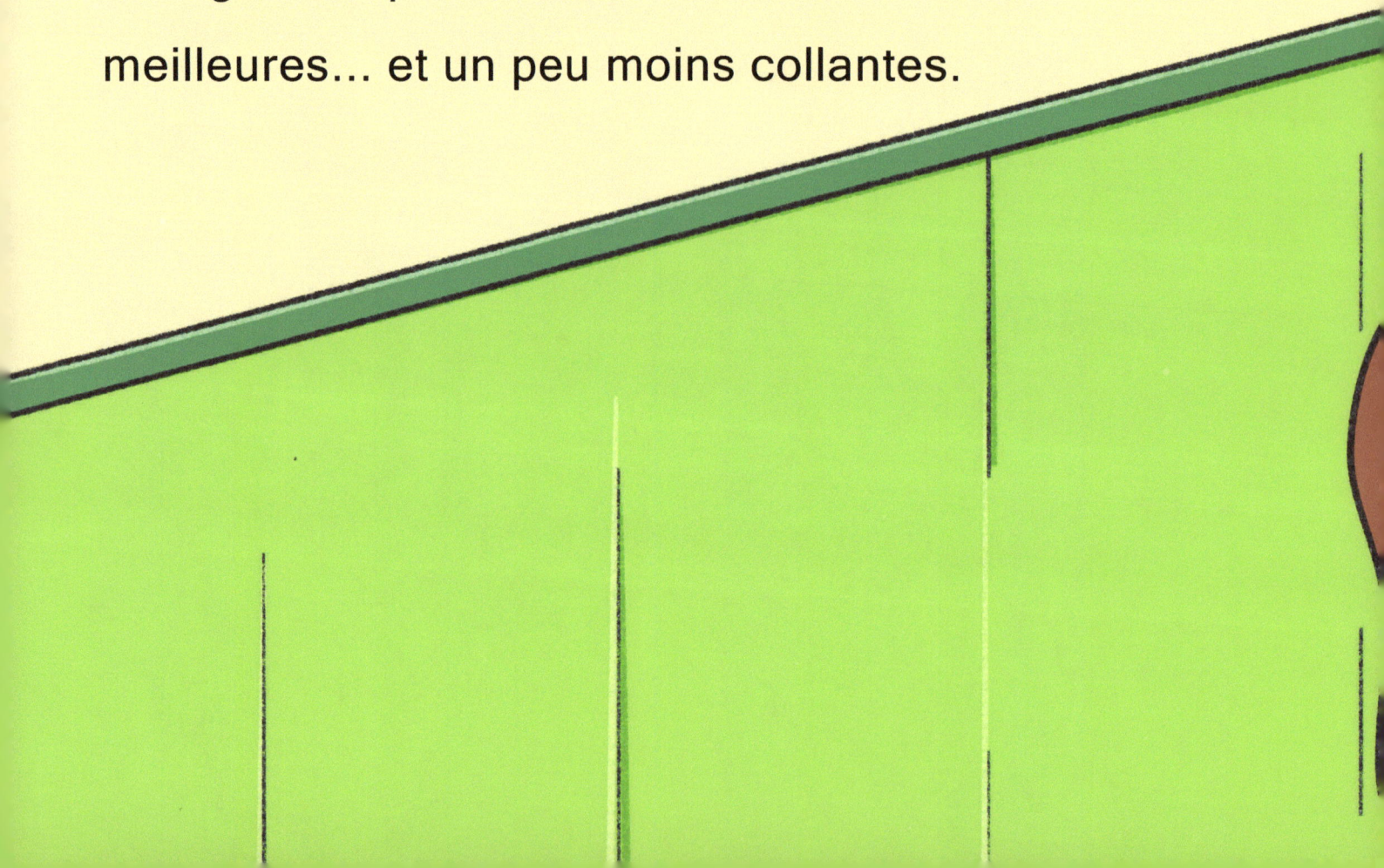

Tommy Rhu prend une grande inspiration et coupe une petite mèche de ses propres cheveux.

Puis une autre.

Et encore une autre.

Le chef des pompiers ouvre grand la bouche, stupéfait.

– Tu vois, rigole Tommy Rhu. On peut le faire ensemble.

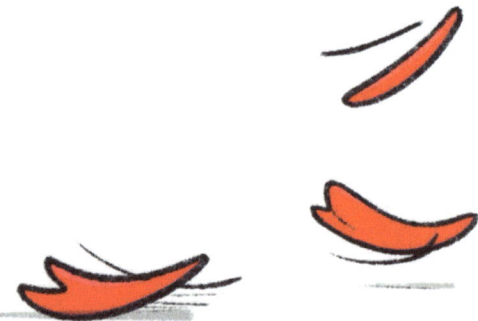

Le soir venu, les parents de Tommy Rhu, ainsi que toute la ville, attendent patiemment dehors.

Soudain, les portes de l'école s'ouvrent en grand et tout le monde pousse un cri de surprise.

– Regardez, crie Tommy Rhu. Je suis libre!

Personne n'en croit ses yeux.

Tommy Rhu a coupé ses cheveux.

Et il n'a jamais été aussi heureux.